2.

JOURNAL DE GUERRE

DU

deuxième régiment d'Artillerie de forteresse russe

D'ERZÉROUM

depuis sa formation

jusqu'à la reprise de la ville par les Turcs,

le 12 Mars 1918

Traduit
du manuscrit original russe

1919

JOURNAL DE GUERRE

DU

deuxième régiment d'Artillerie de forteresse russe

D'ERZÉROUM

depuis sa formation

jusqu'à la reprise de la ville par les Turcs,

le 12 Mars 1918

Traduit
du manuscrit original russe

1919

AVERTISSEMENT

L'original en russe de ce récit historique, qui constitue le journal de guerre du deuxième régiment d'artillerie d'Erzeroum, se trouve dans les dossiers.

Quoique certains passages de ce journal relèvent les atrocités commises par les Arméniens envers les Musulmans, il est recommandé à ceux qui voudraient se mieux documenter sur l'opression et les iniquités si cruellement infligées aux Turcs, de consulter les mémoires du Lieutenant Colonel Tverdo Khlébof, commandant du 2ème Régiment d'artillerie de forteresse russe à Erzeroum ainsi que la brochure basée sur ces documents, récement édités.

Vers le milieu du mois de décembre 1917. l'armée russe du Caucase s'était retirée du front de sa propre initiative et sans l'autorisation ni de ses chefs ni du haut commandement. Le régiment d'artillerie de forteresse d'Erzéroum partit avec le reste de l'armée et il n'y resta qu'une quarantaine d'officiers appartenant à ce régiment ou à la position de Devé-Boynou. Ces officiers étaient restés par devoir à la tête des batteries que leurs hommes avaient abandonnées. Plus de quatre cents canons se trouvaient dans les forts et, vu l'impossibilité de les déplacer, on les y avait forcément laissés. Quant à ces officiers, afin de sauvegarder leur honneur militaire, ils attendaient de leurs chefs ou l'envoi de nouvelles troupes ou l'ordre d'abandonner également les canons. Les officiers, qui étaient restés du 1er régiment après le départ de celui-ci, formèrent le deuxième régiment d'artillerie de forteresse d'Erzeroum. Les Arméniens de cette ville profitant de la retraite de l'armée russe, s'étaient révoltés et avaient constitué une ligue arménienne sous le nom de «Ligue Militaire Arménienne.» C'est à cette date-là que le commandement de l'armée affecta quatre cents d'entre eux tout à fait étrangers au service militaire, à ce, deuxieme régiment. Une partie de ceux-ci déserta et quant au reste ils ne purent que servir comme sentinelles ou comme gardes des batteries.

Quelque temps avant la retraite de l'armée russe, les guerres intestines avaient commencé dans le nord du Caucase. Les communications de la Russie avec la Transcaucasie se trouvaient ainsi interompues, et le gouvernement provisoire constitué à Tiflis, avait pris le nom de « Commissariat de Transcaucasie ». Ce gouvernement se déclara faire partie intégrante de la Russie et représenter provisoirement le gouvernement central jusqu'au retour des choses à la situation normale. Le Commissariat de Transcaucasie, décréta le 18 Décembre 1917, la formation d'une nouvelle armée pour remplacer celle qui s'était retirée. Cette nouvelle force devait, sur la base du principe des nationalités, former des corps d'armée russes, géorgiens, musulmans et arméniens et avoir des unités recrutées parmi les petites peuplades circasiennes assétines, ayssoures et autres.

Jusqu'à l'intervention d'une décision au sujet de la nationalité à laquelle devaient appartenir des artilleurs, la garde de la position fortifiée de Dévé-Boynou à Erzeroum resta composée de soldats arméniens, commandés exclusivement par des officiers russes. A l'instar du commandement, les cadres des formations d'artillerie étant également russes, personne ne pouvait prendre ces unites comme des forces arméniennes. D'ailleurs aucun ordre n'avait été donné établissant que ces troupes étaient arméniennes. Ces formations ont toujours porté le nom russe. Nous avons toujours servi dans l'artillerie russe, touché notre solde du trésor russe et été sous les ordres de commandants russes. Il n'y avait au régiment qu'une église russe administrée par un pope russe et et point d'église arménienne.

Deux mois s'étaient presque écoulés depuis la retraite de l'armée russe et ni aucune recrue ni aucune formation appartenant à diverses nationalités n'étaient venues à Erzeroum. La discipline n'avait pu s'établir au régiment. Les soldats désertaient, se livraient au pillage, et commencèrent bientôt à menacer les officiers et à leur désobéir ouvertement.

Le colonel Torkom, que j'ai appris être bulgare arménien, fut nommé commandant de la place d'Erzeroum. Vers la mi-janvier 1918, un des notables de cette ville, dont le nom m'échappe, fut assassiné et sa maison pillée par des soldats arméniens d'infanterie. Le commandant en chef Odichélidzé manda auprès de lui tous les chefs des troupes et exigea la découverte des assassins dans un délai de trois jours. Il déclara aux commandants arméniens spécialement que ce crime mettait en jeu l'honneur arménien et qu'il fallait enfin mettre un terme à l'insubordination de leurs soldats, et aux atrocités qu'ils commettaient, faute de quoi il se verrait dans l'obligation de distribuer des armes à la population musulmane afin qu'elle fût à même de se défendre. Le colonel Torkom répondit d'un air courroucé que les crimes et les vols commis par quelques brigands, ne pouvaient en aucune façon entacher la réputation de toute une nation et que tous les Arméniens n'étaient pas des brigands. Les officiers demandèrent alors au commandant en chef d'instituer une cour martiale et de faire appliquer le code pénal et la peine de mort envers les criminels. Il déclara qu'il procédait déjà au nécessaire; mais je ne sais si l'assassin a pu être découvert.

Si j'ai bonne mémoire, le 25 février le colonel Torkom, dans le but d'impressionner la population, organisa une revue de toutes les troupes cantonnées à Erzeroum et une salve de 21 coups de canon fut tirée à cette occasion. Pendant la cérémonie, Torkom lut un discours en arménien à l'adresse du général Odichélidzé. Aucun de nous ne connaissant l'arménien, nous n'en comprîmes naturellement rien. Nous apprîmes dans la suite qu'il y était question de la constitution de l'Arménie et de la prise en mains, par Torkom personnellement de l'administration. Dès que le commandant en chef eût connaissance de la teneur de ce discours il éloigna Torkom d'Erzeroum. Nous en déduisîmes que le gouvernement ne voulait en aucune façon de l'indépendance arménienne.

J'ai souvent entendu dire qu'à plus d'une reprise, l'état-major avait déclaré que les armes, matériel et autres effets donnés aux Arméniens soit au front, soit des dépôts d'Erzeroum et de ses environs, ne leur avait été confiés qu'à titre provisoire et ce, pour les conserver, faute d'autres troupes, mais à la condition expresse de les restituer immédiatement en cas de besoin. C'est sur ces entrefaites que l'on apprit que les Arméniens massacrèrent de la façon la plus sauvage les pauvres Turcs inoffensifs et sans armes d'Erzindjan et qui, à l'approche des troupes ottomanes, quittèrent cette ville et s'enfuirent vers Erzeroum.

D'après les informations parvenues au commandant en chef et les déclarations des officiers russes présents à Erzindzan lors du massacre, huit cents Turcs furent assassinés par les Arméniens qui n'eurent de leur côté qu'un seul mort. Il fut établi que les malheureux paysans turcs du village d'Ilidja, près d'Erzeroum, furent aussi massacrés.

Le 7 février, dans l'après-midi, les soldats et les hommes de la milice d'Erzeroum commencèrent à ramasser dans les rues un grand nombre d'individus et à les expédier vers une direction inconnue. Ceci attira mon attention et j'en demandais les raisons. On me répondit que l'on recrutait la main d'œuvre nécessaire pour le déblaiement de la voie ferrée des neiges qui la recouvraient. Vers les trois heures, un des officiers de mon régiment, le sous-lieutenant Lipisky, me téléphona que quelques soldats arméniens de la caserne avait amené cinq Turcs à la cour de cette caserne, qu'ils étaient en train de les battre et que, peut-être, ils finiraient par les tuer. Ayant essayé de les délivrer, cet officier se vit lui-même menacé par les armes et un officier arménien, présent à ce moment à la caserne, réfusa de la proposition de sauver ces Turcs. Me faisant accompagner de trois officiers russes du voisinage, je m'empressai d'aller sauver ces malheureux. L'officier qui m'avait téléphoné et le maire d'Erzeroum, Stavroski, vinrent à ma rencontre et me dirent qu'ils étaient à la recherche d'un Turc de leurs amis, arrêté dans la rue par les Arméniens. Ils ajoutèrent que les soldats arméniens s'opposaient par les armes à leur entrée dans la cour de la caserne. Lorsque nous en approchâmes, nous aperçûmes une douzaine de Musulmans sortant de la caserne, attérés, et s'enfuyant de tous côtés. Nous parvînmes à en retenir un, mais nous ne pûmes causer avec lui sans drogman. J'entrai sans difficulté à la caserne et demandai qu'on m'indiquât la place où étaient les gens ramassés dans les rues. On me répondit qu'aucun civil ne s'y trouvait; mais, en y faisant des recherches, je découvris près de soixante-dix Turcs enfermés dans le bain de l'édifice. La terreur se peignait sur leurs visages. Je me livrai tout de suite à une enquête et mis ces malheureux en liberté tout en faisant emprisonner six soldats que je compris avoir été les promoteurs de leur arrestation. Au cours de l'enquête, j'appris qu'un pauvre individu qui se tenait sur la toiture d'une maison voisine, avait été tué à coup de fusil par un soldat arménien demeuré inconnu. Les documents concernant cette enquête et la liste contenant les noms des Turcs sauvés, disparurent malheureusement avec toutes mes archives officielles lors de la reprise d'Erzeroum par les Turcs, le 27 février. Mais on peut retracer les phases de ces événements en interrogeant les Turcs que j'ai sauvés et qui me témoignent leur reconnaissance par des saluts affectueux, toutes les fois qu'ils me rencontrent. L'interprète Ali bey Pépénoff, au service du maire Stavroski, qui avait rédigé le procès-verbal de l'enquête, pourrait facilement reconnaître ces individus dont il avait dressé la liste.

A la fin de l'enquête, il fut établi que le sous-officier d'infanterie arménien Karagoudaïeff, attaché au régiment d'artillerie, avait été l'organisateur de ces actes et que pendant l'arrestation des Turcs chez eux, il avait fait enlever une grande partie de leurs meubles et effets par des soldats arméniens ayant déjà l'expérience de ces pratiques. Il fut écroué en même temps que ses hommes et le fait fut porté, vers le soir, à la connaissance du commandant en chef par le commissaire régional Zlatof et son adjoint Starovski. Ce même jour, les Arméniens avaient commis divers assassinats dans différentes parties de la ville et mis le feu au bazar turc.

Les meurtres étaient du reste quotidiens à cette époque, à Erzéroum et ses environs. Un jour, j'empoignai moi-même un Arménien qui avait assassiné un Turc près du fort de Tafta, et le livrai au commandant de la place. On racontait partout que des Turcs enrôlés comme ouvriers, disparaissaient sans laisser des traces. Les membres du Conseil de la Municipalité attira sur ce point l'attention du commandant en chef.

Les officiers supérieurs d'artillerie, parmi lesquels je me trouvais, avaient présenté collectivement une requête au commandant en chef, sollicitant l'autorisation de quitter la place forte vu que leur présence n'y était d'aucune utilité, et qu'ils ne voulaient pas entacher leur honneur en restant spectateurs des atrocites arméniennes contre lesquelles ils ne pouvaient rien. Le commandant déclara avoir reçu une dépêche sans fil du général Véhib pacha, commandant de l'armée ottomane, lui annonçant l'occupation d'Erzindjan par l'armée ottomane et son intention de marcher en avant jusqu'à son entrée en contact avec les forces russes, comme seul moyen de mettre fin aux atrocités que commettaient les Arméniens contre la population de ces parages.

A la suite de cette avance, le Commissariat de Transcaucasie proposa la paix au gouvernement ottoman. La réponse parvenue par télégraphie sans fil portait que le commandant de l'armée ottomane acceptait avec plaisir cette proposition et qu'il l'avait transmise à son gouvernement pour les fins requises.

Le général Odichélidzé semit en conrrespondance télégraphique avec le président du commissariat transcaucasien, Kététchkouri, et le commandant en chef, général Lébédinski, au sujet de notre demande. On lui communiqua en réponse qu'un ultimatum avait été adressé à l'assemblée nationale arménienne exigeant formellement la cessation des scandales des Arméniens, que la dite assemblée avait délégué le Dr.

Zavrief et Antranik, pour mettre fin aux méfaits d'Erzeroum, et que, quant à la suite à donner à la requête des officiers, ceci dépendrait de l'accueil que le gouvernement ottoman ferait à la proposition de paix. Ceux-ci devaient par conséquent, jusqu'à nouvel ordre rester à à Erzeroum. Ils remerciaient en même temps les officiers pour avoir jusqu'à lors accompli leur devoir et émettaient l'espoir que, en face du danger, devant lequel se trouvait encore la Russie, ils n'abandonneraient pas leur service jusqu'au dernier moment. Le commandant de l'armée, de son côté, dans un ordre du jour aux officiers, leur recommandait de ne pas quitter leurs postes, ajoutant qu'il ne tolérerait en aucune façon qu'ils fûssent molestés ou déshonorés, ce à quoi il s'opposerait par tous les moyens en son pouvoir. Ce fut donc sur l'ordre du commandant russe et dans l'intérêt de la Russie que nous restâmes à Erzéroum. Nous apprîmes sur ces entrefaites du commissariat de Transcaucasie que le gouvernement ottoman avait accepté la proposition de paix, et que les pourparlers commenceraient à Trébizonde le 17 février.

Le commandant de l'armée déclara verbalement à tous les officiers que, n'étant pas dans l'intention de se battre avec les Ottomans, on resterait à Erzéroum jusqu'à la signature de la paix et que, selon les conditions du traité, les armes et le matériel seraient ou transportés en Russie ou entièrement livrés au gouvernement ottoman. Si, avant la signature de la paix, les troupes ottomanes tentaient de reprendre Erzéroum, les soldats et les officiers russes se retireraient en Russie, après avoir détruit leur artillerie. Ils recevraient en tout cas des ordres formels dans ce sens, sept jours auparavant.

Jusqu'à ce que l'on eût décidé si les officiers resteraient ou non à Erzéroum, on se vit dans la nécessité d'adopter certaines mesures contre les attaques éventuelles des Kurdes ; car le gouvernement ottoman avait déclaré officiellement, lors des pourparlers d'armistice que les Kurdes agissaient à leurs guise et n'écoutaient personne. Ce qui fit que, dès la fin de janvier, le commandement de l'armée résolut de poster un nombre suffisant de canons sur la ligne d'étapes Erzéroum-Erzindjan pour empêcher le pillage, par les Kurdes, des dépôts de vivres situés sur cette ligne. A cet effet, un officier, muni d'un ou de deux canons, fut placé à chaque étape. Lorsque les troupes arméniennes se retirèrent d'Erzindjan sur Erzéroum, ces canons furent aussi ramenés dans cette dernière ville. Vers le 10 février, les postes de « Buyuk Kérémitli » et « Surp Nichan » au-delà de la « Porte de Trébizonde » reçurent chacun, dans le même but, deux pièces d'artillerie, et il en fut de même de quelques atures points de défense de la ville. On allait également mettre des canons entre les portes de Kars et de Kharpout, pour prévenir les attaquer des Kurdes du côté de « Palan Deukène ». Mais ces canons, bons tout au plus contre l'attaque des Kurdes, n'auraient nullement pu tenir contre une armée régulière, munie d'artillerie. Aussi, vers le milieu de février, les canons se trouvant dans les positions éloignées, furent-ils démontés et les accessoires remises au dépôt central. La même mesure avait été prise pour les pièces postées dans les endroits plus proches. Quoique des ordres similaires aient été donnés pour les canons de Palan Deukène, ces ordres n'avaient pu cependant être exécutés. Il n'y avait que les canons destinés à repousser les attaques des Kurdes qui conservaient tous leurs accessoires. On ne s'attendait pas à une attaque prochaine des forces ottomanes que l'on croyait démoralisées et incapables d'agir avant l'été.

Le 12 février, des brigands arméniens, armés jusqu'aux dents, fusillèrent au su et au vu de tout le monde, près de la station du chemin de fer, une douzaine de Turcs. Deux officiers russes qui y étaient présents, essayèrent de sauver ces malheureux, mais ils furent eux-mêmes menacés par les armes et les pauvres Turcs furent exécutés.

Le 13 février, le commandant de l'armée proclama l'état de siége et institua une cour martiale avec ordre d'appliquer la peine capitale, conformément à l'ancienne loi. Le colonel Morel fut nommé commandan de la place forte d'Erzéroum et un Arménien eut la présidence de la cour martiale.

Le commandant en chef et le général Guérassimof, commandant de la place forte, quittèrent le même jour Erzéroum. Ils allaient désigner l'emplacement où l'artillerie devait se concentrer en cas de retraite. Je restais dans la ville en qualité de commandant de l'artillerie de la place forte. Le quartier général du colonel Morel se composait, en grande partie, d'officiers russes. Le chef d'état-major du régiment était le capitaine d'état-major Schneur.

Le colonel Morel prit une toute autre attitude après le départ du commandant en chef. Il déclara qu'Erzéroum serait défendu jusqu'à la dernière extrémité et qu'aucun officier ni aucun homme, en état de porter les armes, ne serait autorisé à quitter la ville. Au moment où je communiqais à la cour martiale les noms des officiers qui désiraient partir, un des membres de cette cour, Sohoumian, déclara d'une voix forte qu'il tuerait de sa propre main tous ceux qui voudraient quitter Erzéroum et, que, ceux qui le feraient en cachette seraient empoignés par les troupes arméniennes, postées à cet effet en force, entre Keupru-Keuy et Hassan-Kalé et déférés à la cour martiale. Je compris que nous étions pris dans un piège dont nous pourrions dificilement nous sauver et il devint dès lors manifeste que l'état de siège et la cour martiale avaient été instituées contre les officiers russes et non contre les bandits arméniens. En ville, l'oppression continuait comme par le passé. La population turque qui, privée comme toujours d'armes et de défense, était en butte à toute espèce d'attaques, fut défendue, dans la mesure du possible, par les officiers russes qui étaient sous mes ordres, et dont plusieurs usèrent de force pour sauver les Turcs que l'on arrêtait et dépouillait dans les rues. Caraïeff, qui remplissait les fonctions d'agent technique, abattit lui même avec l'arme qu'il portait un Arménien qui s'enfuyait après avoir dévalisé publiquement un Turc. La promesse faite par les Arméniens de punir ceux qui assassinaient des gens paisibles et non armés, ne fut pas tenue.

La cour mrrtiale, craignant les Arméniens, n'en condamna aucun. Cependant ce furent ceux-ci qui demandèrent l'institution de cette cour ; les Turcs eux, soutenaient avec insistance que jamais un Arménien n'en punirait un autre. Nous saisîmes ainsi la véracité du proverbe russe qui dit qu'un corbeau ne crève jamais les yeux à son semblable. Les Arméniens, capables de porter des armes, prenaient la fuite sous prétexte d'accompagner leurs familles qui quittaient la ville. Le sous-officier Karagoudaïef que j'avais fait emprisonner, fut élargi sans mon autorisation et à mon insu. Lorsque j'en demandai le motif au colonel Morel, il me répondit qu'une nouvelle enquête avait été faite et qu'elle avait établi l'innocence de cet individu. Or, moi et un ou deux de mes officiers étions les principaux témoins à charge des forfaits de Karagoudaïef et cependant personne ne nous avait intérrogés. Je fis faire alors une enquête et procéder à des interrogatoires, par le régiment même et en transmis le dossier au colonel Alexandrof.

L'assassin que j'avais moi-même fait arrêter à Tafta ne subit non plus aucune punition. Le colonel Morel commença à craindre un soulèvement de la population turque d'Erzéroum. Le 17 février, Antranik arriva en cette ville. Le Docteur Zavarief, commissaire adjoint des territoires envahis, l'accompagnait. Ne nous étant jamais occupés des questions arméniennes, nous ignorions qu'Antranik était considéré par le gouvernement ottoman, comme un criminel et condamné à mort. Ce n'est qu'à la suite de mon entretien avec le commandant de l'armée ottomane, le 7 mars, que je l'appris.

Antranik était arrivé en costume de général de brigade russe. Il portait la quatrième classe de St-Vladimir, la croix de St-George de deuxième classe pour officiers et celle spéciale aux simples soldats. Son chef d'état-major, le colonel russe d'état-major Sinkievitch, l'accompagnait. Un jour avant l'arrivée d'Antranik à Erzéroum, le colonel Morel fit connaître au public la teneur de la dépêche qu'il avait reçue d'Antranik, portant que des mitreilleuses avaient été postées à Keupru-Keuy pour anéantir tous les lâches qui quitteraient la ville. Dès son arrivée, Antranik prit en main le commandement de la place et le colonel Morel lui fut ainsi subordonné. Quant à nous, nous restâms toujours sous le commandement du colonel Morel.

Le jour même de l'arrivée d'Antranik, j'appris par mon officier de Tépékeuy que, hommes femmes et enfants, toute la population de cette localité, comprise dans ma zone, avait été massacrée par les Arméniens. J'en informais Antranik dès ma première entrevue. Il y dépêcha en ma présence vingt cavaliers avec ordre d'arrêter ne fût-ce qu'un des assassins. J'ignore jusqu'aujourd'hui encore ce qui en est résulté.

Le colonel Torkom fit de nouveau son apparition et, un ou deux jours après l'arrivée d'Antranik, s'amena le colonel arménien d'artillerie Doulouhanof. Celui-ci me fit savoir au début, qu'il serait mon chef en qualité d'inspecteur d'artillerie. Je répondis qu'ayant les attributions d'un commandant de division, je n'avais pas besoin de chef et qu'autrement je me retirerais. Sur cela il fut déclaré que Doulouhanof était chargé de diriger l'artillerie de la place forte d'Erzéroum et celui-ci me communiqua ses décisions, non en son nom, mais en celui du commandant de la place, Antranik.

Le capitaine en second Djamboladian, Arménien, commandant du bataillon d'artillerie sous mes ordres avait eu aussi des velléités de s'immiscer dans mes affaires. Lorsque je fis savoir que les projecteurs et les dynamos de l'artillerie seraient expédiés à l'arrière, il me déclara que, comme les Arméniens resteraient dans tous les cas à Erzéroum, ceux-ci auraient besoin de tous ces appareils et qu'il ne saurait consentir à en enlever aucun. Il devenait dès lors évident que les Arméniens voulaient prendre le commandement entre leurs mains et ne laisser aux Russes que le rôle de personnel exécutif. Ils travaillaient à l'indépendance arménienne en se servant des Russes, mais s'efforçaient de ne pas se trahir, de peur que, les officiers russes, en les abandonnant, ils ne restâssent sans officiers. Les déclarations ci-après du capitaine Pliat, commandant intérimaire du septième bataillon d'artillerie de montagne du Caucase, prouvent combien les Arméniens redoutaient le départ des officiers d'artillerie russes :

« En apprenant que le bataillon d'artillerie de montagne partirait le 7 février pour Sari-Kamiche, les Arméniens arrêtèrent, dès le 5, le commandant du parc d'artillerie qui, relâché par ordre du commandant de l'armée, fut de nouveau arrêté à trois reprises. Ils menacèrent de mettre Erzéroum à sang si les artilleurs quittaient la ville. Les officiers d'artillerie, qui avaient été détenus, furent mis en liberté par les soins des officiers du quartier général russe, d'ordre du commandant, qui finit par renoncer à leur départ. »

Il devint nécessaire de s'entendre avec le commandant du septième bataillon d'artillerie de montagne et nous décidâmes en secret de nous aider mutuellement si les Arméniens usaient de violence envers les officiers russes et exigeaient ouvertement que nous prêtions main forte aux intérêts arméniens. Comme force matérielle, nous avions entre nos mains des canons, des mitrailleuses et des officiers russes. Ceux appartenant aux régiments d'artillerie de montagne vinrent loger aussi près que possible les uns des autres et les officiers de l'artillerie de la place forte se groupèrent autour du quartier musulman où se trouvait, dès le début de l'occupation de la ville, notre quartier général.

Après l'arrivée d'Antranik la peur d'un soulèvement de la population d'Erzéroum redoubla dans le camp du colonel Morel. Celui-ci ordonna que les officiers russes capables se trouvâssent au fort Médjidié pour diriger le feu, si une révolte venait à éclater, lorsqu'on arrêterait les promoteurs de l'insurrection, et il nous fut en outre intimé l'ordre de quitter le quartier musulman pour nous installer au quartier arménien. Ayant vécu depuis deux ans côte à côte avec les Musulmans, nous ne fîmes que rire à cette frayeur imaginaire des Arméniens. Les officiers d'artillerie russes répondirent d'une seule voix et en termes catégoriqus, qu'étant restés en service pour se battre contre un adversaire loyal et correct, il ne consentiraient jamais à faire feu sur des femmes et des enfants. Car, il ne restait plus de doute que les Arméniens allaient finir par exiger le bombardement du quartier musulman prétextant le soulèvement des malheureux Turcs.

Notre déménagement au quartier arménien était impossible pour plusieurs raisons: d'abord nous ne pouvions matériellement pas changer de domicile dans le délai prescrit. Ensuite, le départ des officiers russes du quartier musulman permettrait aux Arméniens de se livrer librement ici à des massacres. Enfin les officiers russes iraient se fixer dans un milieu arménien, ce qu'ils tenaient à éviter, vu leur méfiance envers les Arméniens. Les officiers du bataillon a'artillerie de montagne qui ne faisaient pas partie du cadre de la place forte, rejetèrent cette proposition. Les Arméniens se virent ainsi obligés de régler leurs affaires eux-mêmes et commencèrent à arrêter des gens sous provocation à la révolte. La proposition du colonel Morel de bombarder la ville m'ayant fortement impressionné, je crus urgent de conférer à ce sujet avec les officiers sous mes ordres. Nous tînmes à cet effet deux réunions à un jour d'intrevalle. A la première assistèrent, en dehors de tous les officiers d'artillerie présents à Erzéroum, deux officiers anglais qui s'y trouvaient depuis quelques jours, les colonels Morel, Sinkiévitch, Dolouhanof et Torkom ; Antranik et le Dr. Zavarief.

En invitant les officiers anglais à cette réunion notre but était uniquement de leur faire constater de leurs propres yeux les rapports existant entre les officiers russes et le commandant arménien, de leur faire comprendre jusqu'à quelle mesure nos officiers pouvaient s'opposer à la sauvagerie des Arméniens afin que ces Anglais puissent à leur retour produire un document sur ce qu'ils avaient vu et constaté. N'ayant pas directement sous mes ordres ni de service télégraphique, ni téléphonique et sachant que les dépêches que j'expédiais n'étaient jamais transmises, j'exposai ouvertement tout ce que j'avais vu et appris au sujet de sauvageries armeniennes dans toute leur horreur et l'insubordination au plus haut dégré de ces derniers, constatée par les évenements que m'avait racontés le commandant en chef Odichélidzé. Comme conclusion, je déclarai que les officiers russes étaient restés à Erzéroum par ordre de leurs supérieurs, pour servir la Russie et non pas pour couvrir de leur réputation et de leurs uniformes les atrocités arméniennes et que nous demandions qu'une fin fît mise à cette barbarie et scandale ou que l'on nous permît de quitter nos postes et de nous retirer.

Les officiers qui prirent la parole après moi, appuyèrent tous, mes déclarations. Antranik répondit en disant que les arméniens étaient extrêmement reconnaissants à la Grande Russie dont ils formaient une fraction inséparable, qu'actuellement ils ne poursuivaient d'autre but que d'aider cette dernière, que ce qu'on qualifiait de massacres, n'était que la conséquence de l'inimitié séculaire turco-arménienne, qu'il était venu en personne à Erzéroum pour y assurer l'ordre et que s'il ne parvenait pas à se faire entendre des Arméniens et à empêcher les meurtres, il serait le premier à quitter la ville. Les délibérations se faisaient par l'intermédiaire d'interprètes. A la question de savoir si les officiers qui le désiraient pouvaient quitter Erzéroum, Antranik répondit que ceux qui n'avaient pas assez de confiance dans leur courage, feraient mieux de s'en aller et qu'il se montrerait favorable à leur départ dans la mesure du possible. Le colonel Sinkiévitch déclara de son côté qu'il était convaincu qu'à Erzéroum on ne servait que la Russie et que c'est, pénétré de cette conviction que lui-même s'y trouvait. A la fin, les officiers décidèrent d'attendre une dizaine de jours pour voir jusqu'à quel point se réaliseraient les paroles d'Antranik et agir en conséquence.

Cette séance avait eut lieu le 20 ou 21 Février. Peu après qu'elle eut pris fin, le colonel Doulouhanof nous avoua avec surprise, à moi et à d'autres officiers russes, qu'il n'avait jamais imaginé que ceux-ci eussent une telle aversion pour les Arméniens. Le lendemain Antranik fit placarder des affiches en turc portant que les auteurs de tout assassinat perpétré, soit contre la personne d'un Turc, soit contre celle d'un Arménien, seraient à tout prix découverts et soumis à la même peine ; que les Musulmans pouvaient sans aucune crainte rouvrir leurs magasins et s'occuper de leur négoce et si quelqu'un parmi ceux embauchés et expédiés comme ouvriers, disparaissait, toux ceux chargés de l'expédition et de l'embauchement en seraient tenus responsables et y repondraient de leur vie.

En traversant une rue à cheval, le lendemain, avec le capitaine en second Djamboladian, commandant d'un des bataillons sous mes ordres, nous vîmes quelques individus en train de lire ces affiches. Djamboladian leur expliqua en turc que si les Musulmans ne se soulevaient pas, les Arméniens ne leurs feraient aucun mal. Ils répondirent que depuis deux ans, les Musulmans n'avaient fait rien de mauvais et qu'ils n'avaient nullement l'intention d'en faire dans l'avenir, mais que, se trouvant sans armes et sans défense ils priaient qu'on les épargnât et qu'on ne les assassinât pas sans motif. Je leur fis dire par Djamboladian que j'étais commandant de l'artillerie russe, que ni mes camarades, les officiets russes, ni moi ne désirions que la population musulmane fut molestée et qu'à l'avenir, comme par le passé, nous la défendrions autant que nous pourrions. Beaucoup parmi ces Turcs, et particulièrement une ou deux personnes qui se rappelèrent avoir été sauvées par moi, lors des évènements du 7 Février, confirmèrent mes paroles. Djamboladjian était membre du comité arménien.

La seconde réunion se composa exclusivement d'officiers russes et du docteur Zavarief. On y fit ressortir que le deuxième régiment d'artillerie de forteresse d'Erzéroum n'appartenait point aux Arméniens, comme ceux-ci se l'imaginaient mais restait toujours un régiment russe ; qu'aucun de ses officiers ne s'était inscrit ni n'avait l'intention de s'engager comme volontaire chez les Arméniens ; qu'aucun de nous n'était à leur service et qu'en somme le Gouvernement devait établir d'une façon formelle si ce régiment était russe ou arménien ; dans le premier cas nous envoyer des soldats russes dans le second, permettre aux officiers qui ne voulaient servir que dans l'armée russe, de quitter ce régiment et expédier à d'autres fronts ceux qui ne désiraient pas servir au Caucase. [La cour martiale ne manifesta d'activité que dans cette seule question à laquelle elle opposa une fin de non recevoir!] et qu'enfin, s'il était vrai, comme le bruit en courait, que la Transcaucasie se séparerait de la Russie, les officiers russes devaient absolument être licenciés pour les empêcher de demeurer ici dans la situation d'officiers étrangers. En base d'anciennes ordonnances, on décida que chaque officier pouvait recourir officiellement à ses supérieurs pour solliciter d'être mis à la disposition du Ministère de la Guerre ou être transféré à l'un des corps d'armée russes. Je déclarai que j'appuierais les requêtes qu'on m'adresserait dans ce sens et les faire parvenir au département compétent.

Pendant ces délibérations, il fut cité le cas du capitaine en second Yermolof, du 7me bataillon d'artillerie de montagne du Caucase, qui refusant de s'enrôler dans un bataillon arménien, nouvellement formé, avait demandé son rappel. On avait tâché de l'en dissuader, mais il insista. Le colonel Morel avait écrit alors au bas de la demande que cet officier n'étant pas apte au service, était mis à la disposition de l'état-major du front et on avait intimé à Yermolof l'ordre de quitter Erzeroum dans les vingt-quatre heures. Ainsi on perdait un officier dévoué, dont le seul tort avait été de n'avoir pas voulu servir dans les rangs arméniens, et qui s'était entaché pour avoir publiquement accusé le colonel Morel de se compromettre pour avoir ouvertement démontré qu'il servait les intérêts arméniens.

Le docteur Zavarief répéta dans cette séance les propos qu'avaient tenus Antranik et releva qu'il était de l'intérêt de la Russie que nous restions à Erzeroum jusqu'à la conclusion de la paix et que, comme officiers d'une nation civilisée, nous ne pouvions pas dire aux Arméniens : « Réglez vous-mêmes vos comptes avec les Turcs ; égorgez-vous les uns les autres et que le diable vous emporte ! Nous, Russes, nous n'interviendrons pas dans vos affaires intérieures ! » Il ajouta que c'était pour nous un devoir d'humanité que de rester à Erzeroum et empêcher le massacre des Musulmans. Ce discours n'eut pas l'effet voulu et, après la séance, le docteur lui-même reconnut qu'il ne restait plus aucun espoir de voir s'améliorer la situation et que peut-être la totalité des officiers s'en irait.

Dix jours après la reprise d'Erzeroum par l'armée ottomane, j'eus l'occasion de lire certains documents. Le docteur Zavarief y parlait ouvertement de l'autonomie à accorder aux Arméniens, mais, il était d'avis que, pour cela, il fallait pouvoir profiter des services des officiers russes. Le docteur Zavarief qui avait rédigé ces pièces avant son arrivée à Erzeroum, s'était bien pénétré de l'état d'âme des officiers russes Nous n'étions que des militaires et n'avions nulle envie de nous occuper de politique. Ce qui fit que nous fûmes toujours indifférents à la guerre de partis arménienne.

Les promesses d'Antranik restèrent toujours

à l'état de promesse. Le public n'y croyait aucunement. Les bazars demeuraient fermés. Tout le monde avait peur et on ne voyait personne dans les rues des quartiers musulmans. Une ou deux boutiques aux abords de la Municipalité étaient les seules qui ouvraient pendant le jour et où quelques Musulmans s'y rencontraient. Aucun Arménien ne fut puni ; aucun criminel arménien ne fut découvert. Et comment pouvait-on punir des Arméniens innocents !!!! A cette dernière remarque des Arméniens, les officiers russes relevaient qu'ils avaient arrêté beaucoup d'Arméniens coupables, mais qu'aucun n'avait été puni. On lui répondait par le silence. On ne put mettre fin aux meurtres, mais les assassins s'efforcèrent d'agir en cachette. Les crimes commencèrent à être commis dans les villages éloignés de la ville et loin des regards des officiers russes. Les Turcs des villages voisins disparurent et on ne put savoir ce qu'il en advint.

Les villages éloignés recoururent aux armes pour se défendre. Les arrestations en ville se multiplièrent par peur de révolte. Je demandais au colonel Morel ce qu'étaient devenus les détenus s'ils ne couraient pas le danger d'être égorgés comme à Erzindjan et si leur vie était en sûreté. Il me répondit qu'ils se trouvaient sous la garde de patrouilles de confiance, qu'une partie était expédiée à Tiflis et que l'autre était retenue comme otage à Erzeroum.

Le service du ravitaillement commença aussi à présenter des irrégularités. Quand on demandait du beurre pour le régiment d'artillerie, l'employé de l'intendance, un Arménien, n'en donnait pas ; tandis que si le sergent-major des compagnies arméniennes d'électricité en voulait, on lui en fournissait tout de suite, vu ses anciennes relations avec Antranik. Sous prétexte que celui-ci détenait tout le sucre de la ville en vue d'en faire une distribution équitable, nous ne parvenions jamais à en avoir quand nous en faisions la demande. Les officiers russes qui voyageaient en suivant la ligne d'étapes, se plaignaient des privations qu'ils enduraient en route. Les officiers arméniens, par contre, trouvaient partout un gîte et des aliments chauds. Vers le milieu de février, on affecta aux officiers d'artillerie deux wagonnets pour le transport de leurs effets et de leurs familles. L'état-major avait consenti à en accorder encore trois, mais, dès qu'il eût quitté Erzeroum, la question traîna en longueur. On s'adressa à cet effet au colonel Sinkiévitch. Le fonctionnaire arménien, à qui la demande fut référée, déclara ne pouvoir y donner suite avant deux jours, lorsque, sous les yeux des officiers, toute espèce de moyens de locomotion étaient mis à la disposition des fuyards arméniens.

Sur les chemins, ces fuyards armés assassinaient tous ceux qu'ils rencontraient, soit par peur, soit pour les voler. Il devenait ainsi extrêmement dangereux d'expédier les familles et les effets sans escorte, mais de nouvelles troupes n'arrivaient pas et le peu de soldats d'infanterie dont on disposait n'obéissaient plus à personne. Avant l'arrivée d'Antranik, les compagnies d'infanterie refusaient d'aller au front. On put ensuite les y expédier, mais elles désertèrent d'une façon scandaleuse et ce n'est qu'à coups de sabre ou de poing qu'Antranik pouvait ramener à leurs postes. Quant aux unités détenues de force sur le front par les officiers russes, elles s'étaient transformées en petites bandes.

Antranik avait peut-être des talents d'administrateur militaire; mais les ordres qu'ils transmettaient par le colonel Dolouhanof me surprenaient par leur absurdité.

Les Arméniens, Antranik en tête, avaient mis tout leur espoir dans l'artillerie russe. Mais ils ne songeaient pas que pour tirer avantage des canons de place forte, il fallait des soldats instruits et un nombre suffisant de fantassins exercés et disciplinés. Leur but principal était, comme les évènements l'ont prouvé, de pouvoir s'enfuir sous la protection de nos canons.

Les pourparlers de paix à Trébizonde, étaient continuellement ajournés. Fixés d'abord au 17 Février, ils furent remis au 20 et puis au 25. Nous apprenions ces nouvelles par l'état major des troupes d'Erzéroum. Les deux quartiers généraux que nous avions, dans cette ville, se trouvaient distants l'un de l'autre. Le téléphone de celui de la place forte étant détérioré et presque inutilisable, j'étais obligé de me rendre au second deux fois par jour. Les renseignements pris auprès du colonel Morel et de son état-major m'apprirent qu'il n'y avait pas de troupes régulières ottomanes aux environs d'Erzéroum et que l'on ne se battait qu'avec des bandes kurdes et des villageois armés parmi lesquels il était resté quelques soldats exercés de l'armée ottomane lorsque celle-ci s'était retirée d'Erzéroum en 1916.

On supposait que soit ces bandes, soit les groupes de paysans et soldats, avaient été organisés par des officiers ottomans venus dans ces parages, spécialement pour la défense des Musulmans. Les assaillants ne possédaient en tout que deux canons de montagne abandonnés par les Arméniens à Erzindjan. Ils pouvaient attaquer dans la direction d'Erzindjan, d'Olti et de Fem, aussi bien que du côté de Kars et de Palan Deukène. Mais, on ne sait pourquoi le colonel Morel pensait qu'on n'attaquerait que du côté d'Olti. Le service de reconnaissance était très mal fait par les Arméniens. Les cavaliers affectés à ce service passaient leur temps à assassiner et à dépouiller les paysans. Leurs rapports étaient entièrement controuvés et fictifs. Les forces ennemies ayant attaqué les patrouilles de reconnaissance, présentées comme étant de deux mille hommes, se trouvaient en réalité être inférieures à deux cents. Les éclaireurs qui prétendaient avoir été cernés par trois, quatre cents ennemis, ne se gênaient pas d'ajouter qu'ils n'avaient eu qu'un mort et un blessé. Un jour un officier arménien annonça par téléphone qu'un détachement de quatre cents hommes avait commencé à attaquer sa position. En réalité, il n'y avait eu que deux paysans sans armes sortis d'un village voisin et qui y rentrèrent bientôt. Pendant tout le temps qui s'écoula entre l'abandon d'Erzindjan par les Arméniens et la reprise d'Erzéroum par les Turcs, les patrouilles arméniennes n'amenèrent qu'un seul captif, un malheureux soldat de cavalerie qui, très probablement, avait les pieds gelés et ne pouvait marcher sans l'assistance d'un camarade.

Après la deuxième réunion d'officiers, quelques uns d'entre eux avaient sollicité leur transfert à d'autres unités. Lorsque je présentais leurs requêtes au colonel Morel, celui-ci s'emporta et déclara que, par décision de la cour martiale, il s'opposerait par la force à leur départ. Je lui fis observer que les canons se trouvant encore entre les mains des officiers russes, il se pourrait que ceux-ci répondissent à la force par un feu d'artillerie et qu'il faudrait accéder à leur demande, attendu qu'ils n'abandonnaient pas leurs postes mais sollicitaient légalement un transfert. Morel me dit alors qu'il délivrerait à chaque officier partant un certificat, dans le genre de celui qu'avait eu le capitaine en second Yermolof, et que ceux qui voulaient entacher leur réputation n'avaient qu'à essayer. Je rappelais à Morel les propos que le colonel Dolouhanof avait tenus à **Tiflis** et à **Batoum** disant qu'il n'avait rien à attendre d'officiers maintenus à leurs postes contre leur gré, et celui-ci me répondit que, sur sa demande, on lui avait promis l'envoi à Erzéroum d'une soixantaine d'officiers anglais d'artillerie.

J'appris sur ces entrefaites qu'un militaire russe ou polonais, remplissant les fonctions de chef de gare à Erzéroum, avait été emprisonné pour n'avoir pas voulu continuer son service et maintenu par force à son poste. Sous prétexte de pouvoir exécuter promptement des ordres donnés, mais en réalité pour pouvoir parer à toute éventualité, j'enjoignis aux officiers l'ordre de se loger aussi près que possible les uns des autres afin de pouvoir se porter mutuellement secours le cas échéant.

Le capitaine en second Yermolof était parti le 25 février. Je lui recommandais de s'arrêter à Sari-Kamiche pour exposer au général Vichinsky, Chef de l'état-major, et au général Guérassimof, commandant de l'artillerie, notre mauvaise situation au milieu des Arméniens et les prier de nous sauver.

Le 24 Février, un aéroplane ottoman opéra quelques reconnaissances aux environs d'Erzéroum. J'en déduisis que les forces turques se trouvaient déjà à Erzindjan et peut être même à Mama-Hatoun. Le colonel Morel me dit alors avoir reçu des Turcs la proposition écrite d'évacuer Erzeroum. Après l'occupation de la ville par les forces ottomanes, j'appris du commandant du corps d'armée turc Kiazim bey, que cette proposition avait un caractère défini et avait été faite par une lettre portant sa propre signature. Le colonel Morel ne lui attribua aucune importance et tâcha de me tromper en faisant passer cette lettre comme un document anonyme de propagande.

Les 24 et 25 Février, l'état-major de la place forte annonça que le front ne courrait aucun risque. Dans les parages de Tekké-Déressi, seulement, des Kurdes se concentraient. On détacha contre eux quelques troupes qui empêchèrent leur mouvement en avant. On racontait, d'autre part, qu'un second détachement expédié d'Erzéroum avait refoulé l'ennemi à quelques verstes au-delà d'Ilidja. Mais le 26 Février le détachement arménien de Tekké-Déressi fut cerné ; celui d'Ilidja fut battu, et tous ceux qui purent s'échapper de ces deux détachements, s'enfuirent vers Erzéroum.

J'avais reçu du colonel Morel l'ordre verbal de faire feu avec mes canons sur les assaillants, mais il n'y en avait d'aucun côté et on ne voyait partout que des soldats arméniens fuyant en panique vers Erzéroum à travers la chaussée de Kharpout. Sur la chaussée de Trébizonde, par contre, les troupes arméniennes opéraient leur retraite sur Erzéroum, en masses serrées, avançant comme sur un champ de manœuvres. L'après-midi, on apprit que des troupes ennemies se trouvaient autour du village de Guèz. Je les évaluais à mille cinq cents hommes. Ils présentaient l'aspect d'un régiment bien dirigé et non pas de bandes d'irréguliers kurdes. Mais, les quelques cavaliers qui les encadraient leur donnaient un peu la forme de détachements réguliers kurdes. L'aspect, par contre, des Arméniens, qui battaient en retraite était pitoyable et leur état désespéré. Tantôt ils se déployaient en tirailleurs sur une petite étendue, et tantôt ils avançaient par petits groupes, l'air effaré et la frayeur peinte sur leurs figures. Pour mettre un peu d'ordre dans ce bouleversement, Antranik alla jusqu'à la ligne de tirailleurs et parvint à la faire un peu avancer. Mais les peureux arméniens, une fois à terre ne se relevaient plus. De notre côté, le feu d'artillerie continua jusqu'à la tombée de la nuit.

Dès que commencèrent les attaques des bandits kurdes et que nous fumes occupés à les repousser, tous les officiers russes renoncèrent à partir et s'efforcèrent de remplir leur devoir avec zèle pour ne pas être accusés de lâcheté.

Je compris ce jour-là les idées que les Arméniens nourrissaient à l'égard de l'artillerie. Ceux qui étaient chargés de la garde de la batterie de Buyuk-Kérémitli, ne purent être envoyés en avant. Au contraire ils abandonnèrent leurs batteries et reculèrent vers la porte de Kharpout. Les Arméniens qui fuyaient du village de Tekké-Déressi, emportaient en partant, le bétail des environs et assassinaient les gens sans armes qu'ils rencontraient.

L'approche des Turcs vers Erzéroum avait eu lieu dans un moment inattendu par l'état-major russe. Aucun ordre de combat ne nous avait été donné à cet effet, ou du moins s'il l'a été, il ne m'est jamais parvenu. Lorsqu'au dehors, les clairons sonnaient l'appel aux armes et le signal d'alarme, j'avais appris qu'on avait antérieurement assigné à chaque section d'infanterie la place qu'elle devait occuper. Mais cet ordre non plus n'était pas arrivé jusqu'à moi.

Ma tâche était très simple : prendre l'ennemi sous le feu de mes canons pour l'empêcher de dépasser la ligne des forts. Dans les positions avancées il y avait, avec l'infanterie, des canons de montagne qui n'étaient pas sous mes ordres.

Ce jour-là, et jusqu'au soir, les milices de la ville (arméniennes) arrêtèrent, sans discontinuer tous les Musulmans de la ville y compris les vieillards et les malades. Ils prétendirent les enrôler comme ouvriers pour enlever la neige de la voie ferrée. J'appris le soir qu'un Arménien étudiant, d'une université, s'était présenté chez moi avec une patrouille pour y oppérer soi-disant des recherches. La porte de mon logement portait mon nom. Sur l'opposition de ma famille, il n'osa ni pénétrer dans la maison, ni amener un vieux turc qui en était le propriétaire, ni nos quelques domestiques kurdes, mais il se contenta de vomir un flot d'injures. L'étudiant déclara que tout ceci se faisait d'après les ordres d'Antranik. Je fis percer une porte entre mon logement et l'habitation de mon propriétaire turc pour que celui-ci pût se réfugier chez moi si jamais on revenait le chercher.

Les derniers temps, toutes les fois que j'allais m'entretenir avec Antranik ou son état-major, j'emmenais toujours avec moi le capitaine Julkévitch, directeur de la section de mobilisation, pour qu'il fût témoin de mes rapports avec les sus-nommés. Un soir, nous allâmes avec ce dernier à la réunion des officiers. Nous remarquâmes que la séance avait déjà commencé avant notre arrivée. Antranik, le Dr Zavarief, les colonels Sinkiévitch, Morel et Dolouhanof et quelques autres y prenaient part. Dès qu'on nous aperçut, le colonel Sinkiévitch donna lecture de la dépêche suivante du commandant Odichélidzé :

« Le commandant de l'armée ottomane, Véhib pacha, ayant informé par télégraphie sans fil que ses forces ont reçu l'ordre d'occuper Erzéroum, les canons de la place forte devront être détruits et les troupes retirées. »

Signé : ODICHÉLIDZÉ

Cet ordre étant parvenu un peu tard, nous ne pûmes accomplir l'œuvre de destruction qui aurait exigé deux à trois jours.

Antranik emporté, blasphémait et vociférait en arménien. Le docteur Zavarief tâchait de le calmer et nous traduisait ses paroles : «Au lieu d'expédier dix à quinze mille hommes, disait-il, à l'intention des chefs arméniens, pour conserver Erzéroum, ils sont restés à l'arrière et ont anéanti ainsi la nation arménienne et l'Arménie. Des quelques miliers d'Arméniens qu'on a sous la main, aucun ne veut aller au front. Maudits soient leurs chefs !» s'écria-t-il.

Antranik nous fit connaître sa décision qui consistait à tenir encore deux jours à Erzéroum et à ne l'évacuer qu'après y avoir causé toutes les destructions possibles. Il se déshabilla ensuite comme s'il n'y avait eu personne dans la chambre, et se mit au lit.

Les incendies qui éclataient dans différentes parties de la ville n'étaient pas éteints et les milices enlevaient, pendant la nuit, jusqu'aux vieillards et aux malades musulmans pour les expédier vers des destinations inconnues. J'en parlais au docteur Zavarief qui me dit que des ordres avaient été donnés pour éteindre les incendies et ne pas arrêter les Musulmans. Dans mes précédants entretiens avec le docteur, il me répétait souvent qu'en sa qualité de membre du gouvernement, il désirait ardemment qu'aucune irrégularité ne fut commise et qu'il consacrait tous ses efforts à atteindre ce but. J'entendais les mêmes paroles répétées par d'autres intellectuels arméniens. Je ne sais quels sentiments intimes ceux-ci pouvaient nourrir, mais il est indéniable qu'il y en avait parmi eux qui blâmaient ouvertement toute idée de meurtre et de pillage et le docteur Zavarief devait connaître mieux que moi l'idéal arménien.

Après quelques délibérations sur la façon d'appliquer la décision d'Antranik, chacun rentra chez soi. Les positions avancées et le nombre des défenseurs dont on disposait étaient à même de défendre la ville, non pas deux, mais quarante-deux jours et ce, non seulement contre les kurdes, mais même contre des forces régulières. Le gouvernement turc ayant officiellement déclaré, lors des pourparlers d'armistice, qu'il ne pouvait se faire entendre de Kurdes, nous étions obligés de prendre toutes les mesures pour parer à une attaque de ces derniers.

Le soir, en regagnant mon logis, je remarquais que les incendies avaient été éteints et que le désordre avait cessé. Je donnai les instructions nécessaires pour la destruction des canons. Ceci pouvait être fait en deux jours; mais j'appris par les rapports de mes officiers que, à la faveur de la nuit, les soldats d'infanterie abandonnaient les tranchées. Après beaucoup de difficultés, je pus me mettre en communication téléphonique avec le colonel Morel et lui transmis mes informations. Il me répondit que les dispositions nécessaires ayant été prises et des renforts expédiés, il n'y avait aucun danger à craindre.

Entre deux et trois heures du matin, quelques coups de feu furent tirés dans la ville et, à l'instar de ce qui se passa les jours précédents, on commença à distinguer dans les rues des voix arméniennes, des coups de hâche et le bruit de portes que l'on brisait et des gens que l'on emportait. Deux pensées me préoccupaient: 1º celle de voir des officiers russes compromis avec les Arméniens par ceux qui, ne voyant pas de leurs propres yeux les sauvageries des bandits arméniens, *(champions de la liberté !!)* pouvaient s'imaginer qu'elles étaient autorisées par ces officiers ; 2º que des troupes régulières ottomanes pouvant se trouver parmi ceux qui attaquaient la ville, et la décision, l'ordre et le désir du commandant en chef étant d'évacuer Erzeroum et non pas de se battre avec les troupes régulières, quelque malentendu n'ait pu surgir. En présence de ces deux éventualités, je décidai d'aller de bon matin voir le colonel Morel et lui proposer : 1º Dans le cas où il ne se sentait pas à même d'arrêter le banditisme des Arméniens, de diriger une partie de nos canons sur ces derniers pour les y mater, au besoin, par le feu ; 2º de dépêcher des parlementaires auprès des forces ottomanes pour leur notifier que toute opération militaire serait suspendue et la ville évacuée et remise dans l'espace de deux jours sans effusion de sang ; et, enfin, pour empêcher les Arméniens de se livrer à des massacres pendant l'évacuation, de former, sous le commandement d'officiers russes, des détachements où il n'entreraient pas d'Arméniens. Je me rendis à l'aube chez le colonel, en compagnie du capitaine Julkiévitch. En route nous rencontrâmes devant le dépôt de munitions d'artillerie le sous-lieutenant Bagradonian. Il me dit que la retraite ayant été ordonnée, il voulait mettre le feu aux munitions, mais qu'il fallait pour cela un ordre de ma part. Cela me surprit, car le dépôt de munitions dépendait du colonel Dolouhanof. Néanmoins comme une explosion nuirait à la population autant qu'aux officiers russes et que les artilleurs n'avaient reçu aucun ordre dans ce sens, je parvins à en dissuader le sous-lieutenant et à sauver les munitions.

En approchant du quartier général du colonel Morel, je vis que tout le monde fuyait. Vis-à-vis, la maison du Consul d'Amérique était en flammes. Les colonels Morel et Torkom étaient à cheval. Ils avaient chargé leurs effets sur automobile et quelques voitures et étaient prêts à partir. Il était sept heures du matin. Je demandai ce qui se passait. On me répondit qu'à cinq heures l'ordre de retraite avait été donné et qu'il était incompréhensible qu'il ne me fut pas encore parvenu. Ce que je redoutais arriva: Tandis que les officiers russes pointaient eux-mêmes leurs pièces et s'efforçaient d'arrêter les assaillants, les Arméniens à l'arrière, se livrèrent au massacre et prirent ensuite la fuite. Sans mon arrivée aucun officier russe n'aurait eu connaissance de l'ordre de retraite. On me fournissait le moins de détails possible sur les évènements, tout en me communiquant d'un autre côté, un tas de circulaires et d'ordres relatifs à des questions qui ne me concernaient en rien.

Ma première idée en cette circonstance fut de courir au fort Médjidié pour envoyer par des shrapnels un salut et des remerciements aux braves Arméniens!! qui, émitouflés dans de grosses jaquettes de protection contre les balles, fuyaient vers la chaussée de Kars pour échapper aux coups de feu. Mais j'y renonçai de peur de faire du tort aux innocents qui auraient pu se trouver au milieu des fuyards, beaucoup de gens étant restés avec leurs familles à Erzéroum.

C'est ainsi que, dupes des conquérants Arméniens!! les officiers russes n'avaient pu détruire leurs canons. Nous retournâmes au quartier général. En route nous rencontrâmes un tas de fuyards arméniens qui, de frayeur, avaient perdu la tête. Les chemins, encombrés de leurs meubles et effets, étant impraticables, nous prîmes par des rues moins fréquentées. On y entendait des clameurs et des fusillades sans apercevoir ce qui se passait au delà. Les tâches de sang qui se voyaient sur la neige, faisaient supposer qu'un combat se livrait dans ces parages. Nous rebroussâmes chemin et, arrivés à un carrefour, nous descendîmes de notre voiture et avançâmes à pied. L'Arménien commandant la milice débouchait à cheval d'une ruelle et sa vue raffermit mes suppositions.

Arrivé au quartier général, je donnai ordre à mes batteries d'effectuer leur retraite en même temps que l'infanterie et je recommandai de mettre des chariots à la disposition des officiers d'artillerie. J'appris que les charretiers au service des transports avaient tous pris la fuite dans la soirée. Des déserteurs arméniens, armés de pied en cap, avaient dételé les voitures et, se mettant à deux sur chaque cheval, s'étaient acheminés vers Kars. Ils avaient tenté d'enlever également les chevaux de ma voiture; mais mon cocher s'y étant opposé, ils avaient fait feu et blessé l'une des bêtes sans toutefois emporter l'autre. Sur cinquante voitures, que comprenait notre service de transport, nous ne pûmes en utiliser que deux ou trois dont quelques officiers profitèrent pour partir à la hâte avec leurs effets. Il y aurait eu peut-être possibilité de tirer parti de quelques autres moyens de transport; mais les fuyards arméniens dans leur peur faisaient feu à tort et à travers et, pour nous pérserver de leurs balles, nous fûmes obligés de chercher refuge dans les maisons. Les Turcs nous assurèrent qu'ils nous protégeraient, nous et nos familles, des attaques des Kurdes. Du reste si, sans prendre garde aux balles que les Arméniens faisaient sottement pleuvoir, nous avions persisté à avancer, nous n'aurions pu passer par la porte de Kars que détenaient les Turcs. Le capitaine en second Mitrophan, qui en était tout près, n'avait pu la traverser et s'en était retourné.

En apprenant peu après, l'entrée des forces ottomanes dans la ville, nous sûmes que les assaillants se composaient de troupes régulières et non pas seulement de Kurdes. La courageuse infanterie arménienne!! profitant de l'obscurité avait fui pendant la nuit vers la chaussée Erzéroum-Kars, avec la rapidité de l'orage. Un véritable orage n'aurait pu, en si peu de temps, nettoyer Erzéroum de la souillure arménienne.

Ni dans la ville, ni dans les tranchées, on ne trouva d'Arméniens blessés ou tués, ce qui démontre la tenacité de leur défense!! Le fait que les prisonniers faits par les Turcs à Erzéroum, étaient principalement des officiers russes, témoigne également combien grands étaient les sacrifices faits par les Arméniens!!

Dès que j'appris l'occupation d'Erzeroum par

les troupes ottomanes, je m'adressai à celles-ci avec mon aide-de-camp pour signaler notre présence. Ce n'est qu'à ce moment là que j'appris la conclusion de la paix entre la Russie et la Turquie. *Les Turcs que je rencontrais en chemin me serraient la main, me remerciant de les avoir sauvés. Ils témoignaient la même reconnaissance aux autres officiers russes; car, sans eux, les forces ottomanes n'auraient trouvé aucun Turc à leur entrée à Erzeroum.*

Pétrone, le Romain, écrivait : «Les Arméniens sont des hommes, mais ils marchent chez eux à quatre pattes.»

Et le poëte russe Lermontof disait : « Tu es esclave, tu es couard, tu es Arménien ! »

Commandant ad interim provisoire
de la position de Dévé-Boynou
(forteresse d'Erzéroum)
et commandant du deuxième régiment d'artillerie de forteresse
d'Erzéroum
Lieutenant Colonel
TWERDO KHLEBOF